AF218652

Impressum
Verlag: BABADADA GmbH, Nedderfeld 112 , 22529 Hamburg
Geschäftsführer / Verlagsleitung: Harald Hof
Druck: Books on Demand GmbH, In de Tarpen 42, 22848 Norderstedt

Imprint
Publisher: BABADADA GmbH, Nedderfeld 112 , 22529 Hamburg, Germany
Managing Director / Publishing direction: Harald Hof
Print: Books on Demand GmbH, In de Tarpen 42, 22848 Norderstedt

el colegio

мактаб

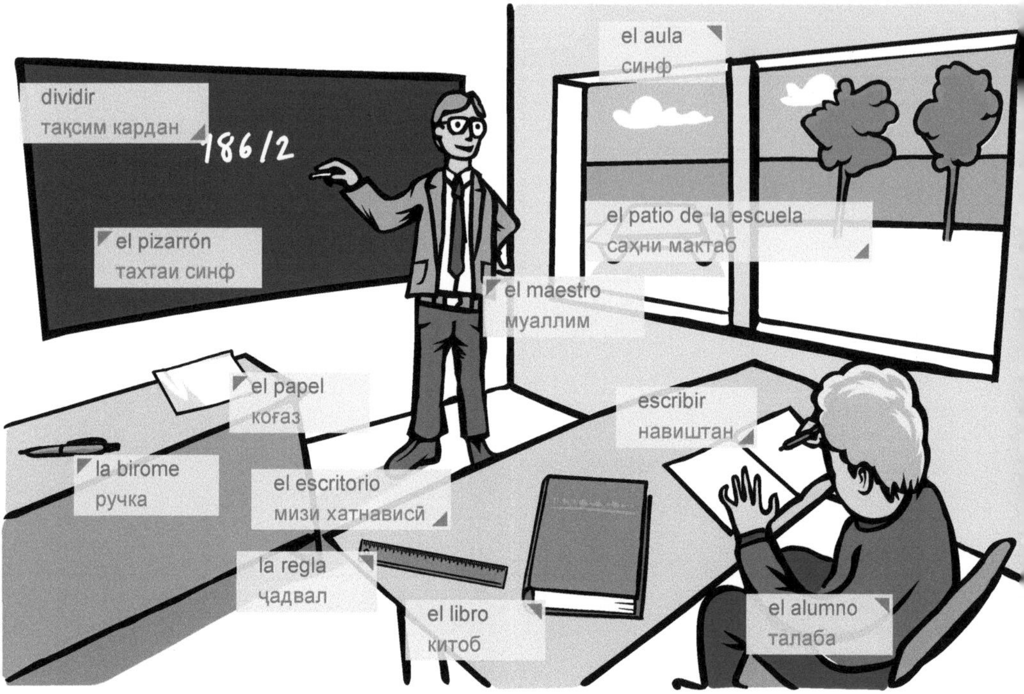
el aula
синф
dividir
тақсим кардан
186/2
el pizarrón
тахтаи синф
el patio de la escuela
саҳни мактаб
el maestro
муаллим
el papel
коғаз
escribir
навиштан
la birome
ручка
el escritorio
мизи хатнависӣ
la regla
ҷадвал
el libro
китоб
el alumno
талаба

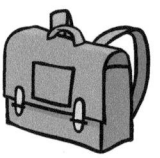

la mochila

ҷузвдон

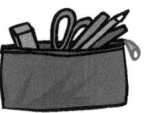

la caja de lápices

қаламдон

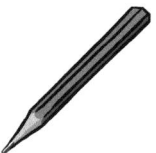

el lápiz

қалам

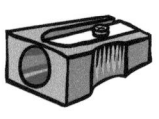

el sacapuntas

қаламтезкунак

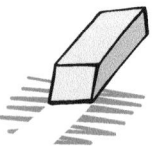

la goma (de borrar)

хаткуркунак

el bloc de dibujo

блокноти расмкашӣ

el dibujo

расм

el pincel

мӯқалами рассомӣ

la caja de pinturas

қуттии рангҳо

la tijera

қайчӣ

el pegamento

ширеш

el cuaderno de ejercicios

дафтари машқ

la tarea

вазифаи хонагӣ

el número

рақам

sumar

ҷамъ кардан

restar

кам кардан

multiplicar

зарб задан

calcular

ҳисоб кардан

la letra

ҳарф

el abecedario

алфавит

la palabra

калима

el texto

матн

leer

хондан

la tiza

бӯр

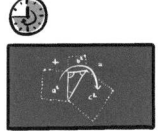

la lección

дарс

el cuaderno de clase

журнали синфӣ

el examen

имтиҳон

el certificado

шаҳодатнома

el uniforme escolar

либоси мактабӣ

la educación

таҳсил/маориф

la enciclopedia

энсиклопедия

la universidad

донишгоҳ

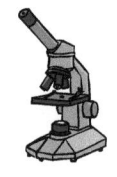

el microscopio

микроскоп (more frequently used)

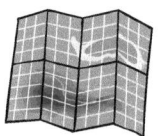

el mapa

харита

el tacho (de basura)

сабади партофҳои коғазӣ

el viaje
саёҳат

el hotel
меҳмонхона
Grand
el hostel
хобгоҳ
ROOMS
EXCHANGE
la casa de cambio
нуқтаи мубодилаи асъор
la valija
чамадон
el auto
мошин

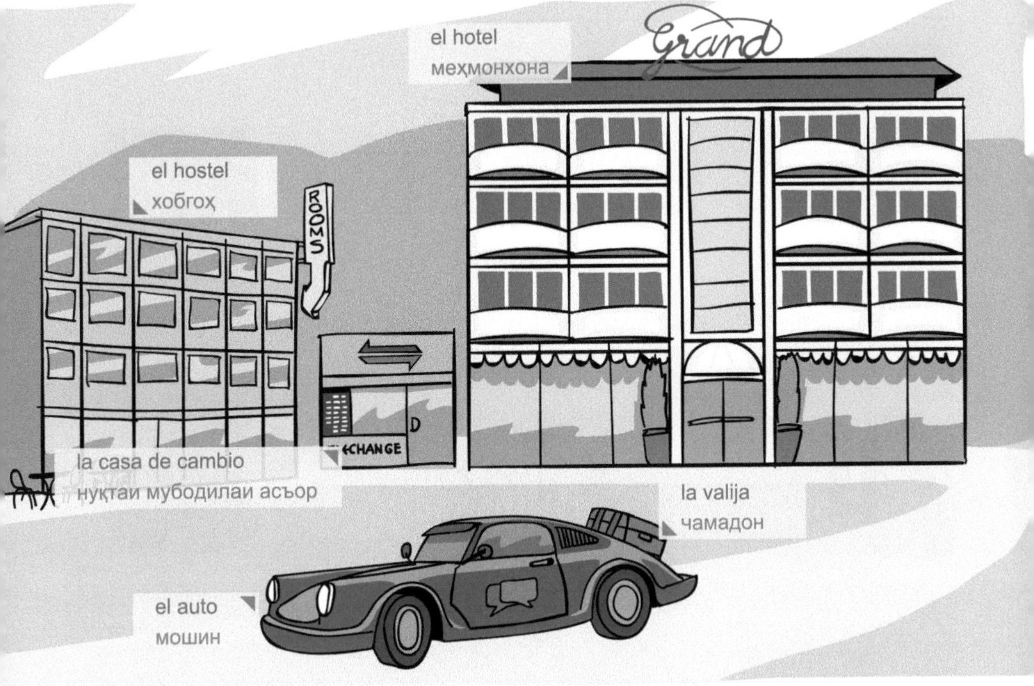

el idioma

забон

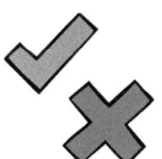

sí / no

ҳа / не

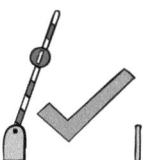

Está bien

Хуб

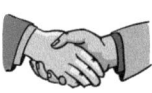

hola

Ассалому алейкум

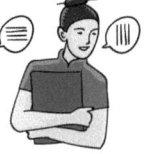

el traductor

тарҷумон

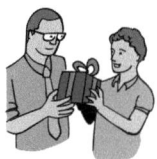

Gracias

Раҳмат

¿cuánto cuesta...?

чӣ қадар аст ...?

No entiendo

Ман намефаҳмам

el problema

проблема

¡Buenas tardes!

шаб ба хайр!

¡Buenos días!

субҳ ба хайр

¡Buenas noches!

шаби хуш

el adiós

хайр

la dirección

равона

el equipaje

бағоч

el bolso

ҷузвдон

la mochila

борхалта

el invitado

меҳмон

la habitación

хона

la bolsa de dormir

хобхалта

la carpa

хайма

la información turística

маълумоти сайёҳӣ

la playa

соҳил

la tarjeta de crédito

корти кредитӣ

el desayuno

наҳорӣ

el almuerzo

хӯроки пешин

la cena

хӯроки шом

el pasaje

чипта

el ascensor

лифт

el sello

марка

la frontera

сарҳад

la aduana

Гумрук

la embajada

сафорат

la visa

раводид

el pasaporte

шиноснома

el transporte
нақлиёт

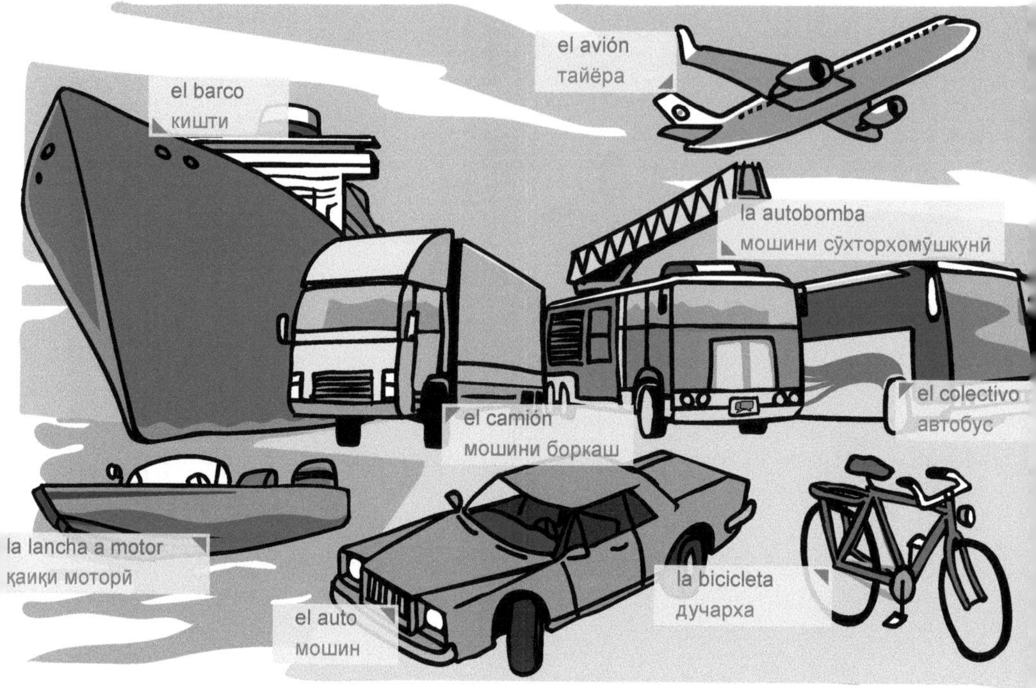
el avión
тайёра
el barco
кишти
la autobomba
мошини сӯхторхомӯшкунӣ
el colectivo
автобус
el camión
мошини боркаш
la lancha a motor
қаиқи моторӣ
la bicicleta
дучарха
el auto
мошин

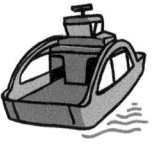

el ferry

парoм

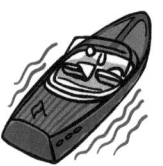

el bote

қаиқ

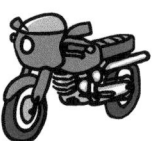

la moto

мотосикл

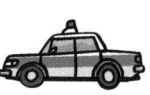

el patrullero

мошини полис

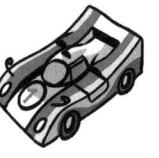

el auto de carreras

мошини тезрави пойгаи

el auto de alquiler

кироияи мошинҳо

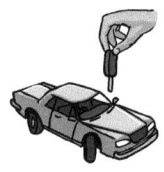

el alquiler de autos

ҳамроҳ истифодабарии мошин

la grúa

эвакуатор

el camión de la basura

павтовҷамъкунй

el motor

муҳаррик

la nafta

сӯзишворй

la estación de servicio

нуқтаи фурӯши сӯзишворй

la señal de tránsito

аломати роҳ

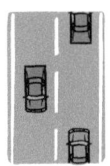

el tránsito

ҳаракат

el embotellamiento

бандшавии ҳаракати роҳ

el estacionamiento

ҷои исти мошинҳо

la estación de tren

истгоҳи роҳи оҳан

las vías

роҳи оҳан

el tren

қатора

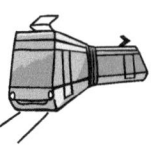

el tranvía

тамвай

el vagón

вагон

el helicóptero

чархбол

el aeropuerto

фурудгоҳ

la torre

манора

el pasajero

мусофир

el contenedor

контейнер

la caja de cartón

қутии картонӣ

la carretilla

ароба

la canasta

сабад

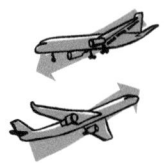

despegar / aterrizar

гирифтан / замин

la ciudad

шаҳр

el pueblo

деҳа

el centro de la ciudad

маркази шаҳр

la casa

хона

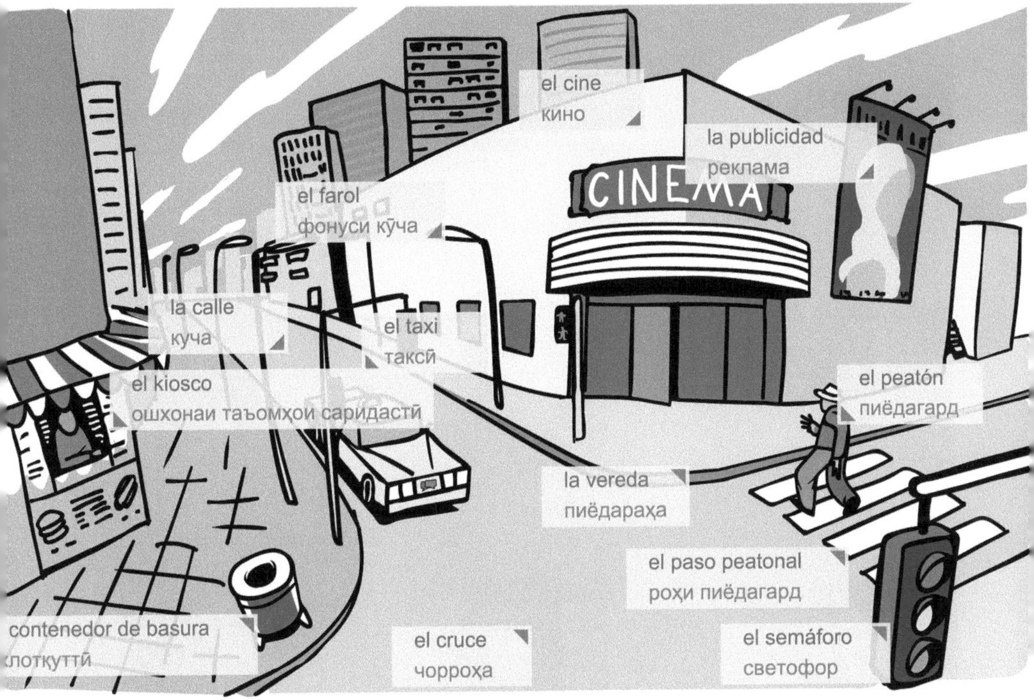

el cine
кино

la publicidad
реклама

el farol
фонуси кӯча

la calle
кӯча

el taxi
таксӣ

el kiosco
ошхонаи таъомхои саридастӣ

el peatón
пиёдагард

la vereda
пиёдараҳа

el paso peatonal
роҳи пиёдагард

contenedor de basura
лоткуттӣ

el cruce
чорроҳа

el semáforo
светофор

la cabaña
кулба

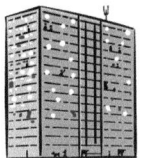

el departamento
ҳамвор

la estación de tren
истгоҳи роҳи оҳан

la municipalidad
бинои маъмурияти шаҳр

el museo
осорхона

el colegio
мактаб

la ciudad - шаҳр

la universidad

донишгоҳ

el banco

бонк

el hospital

бемористон

el hotel

меҳмонхона

la farmacia

доухона

la oficina

идора

la librería

сехи китоб

el negocio

сехи

la florería

мағозаи гулфурӯшӣ

el supermercado

супермаркет

el mercado

бозор

las grandes tiendas

универмаг

la pescadería

мағозаи моҳифурӯшӣ

el centro comercial

маркази савдо

el puerto

бандар

el parque

парк

el banco

бонк

el puente

пул

las escaleras

зинапоя

el subte

метро

el túnel

нақби

la parada del colectivo

истгоҳи автобус

el bar

бар

el restaurante

тарабхона

el buzón

қуттии почта

el letrero

аломати номи кӯчаҳо

el parquímetro

ҳисобкунаки исти мошинҳо

el zoológico

боғи ҳайвонот

la pileta

ҳавзи шиноварй

la mezquita

масҷид

la granja

ферма

la contaminación

ифлоскунй

el cementerio

қабристон

la iglesia

калисо

los juegos infantiles

майдончаи бозӣ

el templo

маъбад

el paisaje
ландшафт

la hoja
барг

el poste indicador
аломати роҳнамо

el camino
роҳ

la pradera
алафзор

la piedra
санг

el árbol
дарахт

el excursionista
сайёҳ

el río
дарё

la hierba
алаф

la flor
гул

14

el valle

водӣ

la montaña

кӯҳ

el lago

кӯл

el bosque

беша

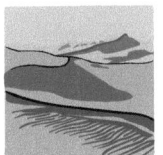

el desierto

биёбон

el volcán

вулкан

el castillo

қалъа

el arco iris

рангинкамон

el champiñón

занбӯруғ

la palmera

дарахти нахл

el mosquito

хомӯшак

la mosca

паридан

la hormiga

мурча

la abeja

занбур

la araña

тортанак

el escarabajo

гамбӯсак

la rana

қурбоққа

la ardilla

санҷоб

el erizo

хорпушт

la liebre

харгӯш

la lechuza

бум

el pájaro

парранда

el cisne

мурғи қу

el jabalí

хуки ваҳшӣ

el ciervo

оху

el alce

гавазн

la presa

сарбанд

el aerogenerador

турбина шамол

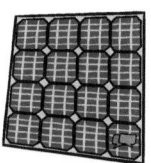

el panel solar

панел офтобӣ

el clima

иқлим

el restaurante
тарабхона

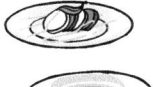

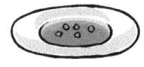

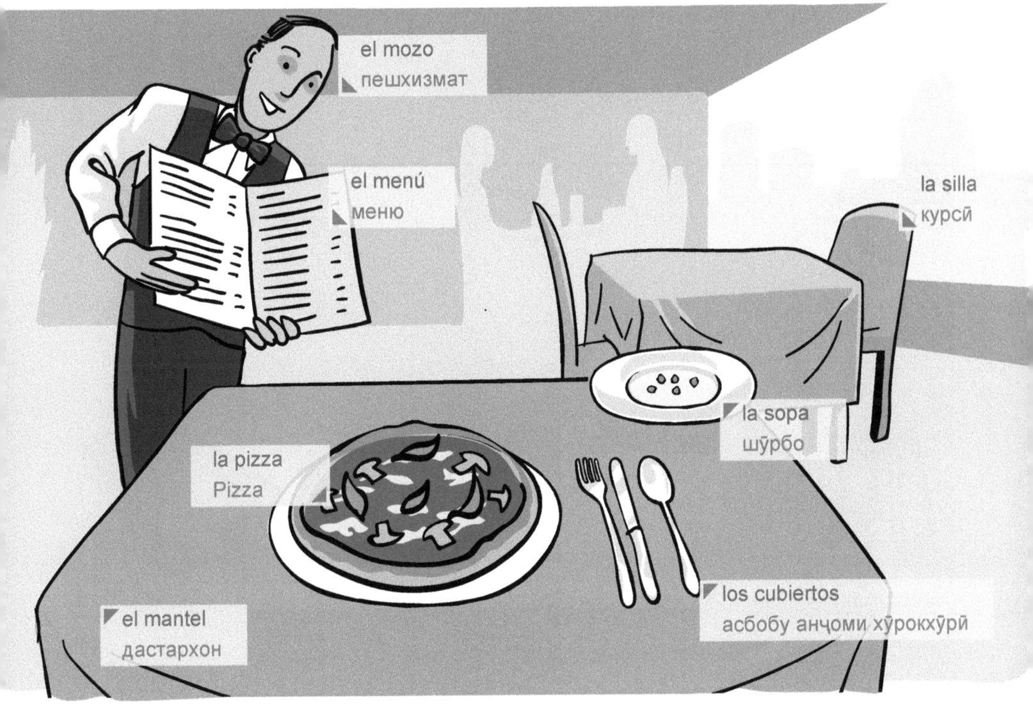
el mozo
пешхизмат
el menú
меню
la silla
курсӣ
la sopa
шӯрбо
la pizza
Pizza
los cubiertos
асбобу анҷоми хӯрокхӯрӣ
el mantel
дастархон

la entrada

стартер/корандоз

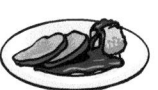

el plato principal

хӯроки асосӣ

el postre

десерт

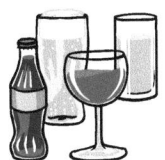

las bebidas

нӯшокиҳои

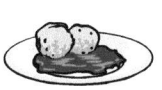

la comida

таъом

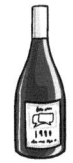

la botella

шиша

la comida rápida

Хӯроки Тез Таёр мешуда

la comida callejera

хӯроки кӯчагӣ

la tetera

чойник

la azucarera

шакардон

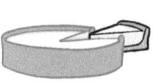

la porción

қисм/порча

la cafetera expreso

мошини espresso

la sillita alta

курсии кӯдакона

la cuenta

ҳисоб

la bandeja

зарфмонак

el cuchillo

корд

el tenedor

чангол

la cuchara

қошуқ

la cucharita

қошуқча

la servilleta

сачоқи қоғазӣ

el vaso

истакон

el restaurante - тарабхона

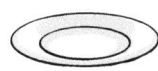

el plato

табақча

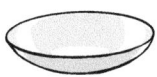

el plato hondo

косача

el plato

тақсимча

la salsa

соус

el salero

намакдон

el molinillo de pimienta

мурчдон

el vinagre

сирко

el aceite

равғани растанй

las especias

приправа

el kétchup

кетчуп

la mostaza

хардал

la mayonesa

майонез

el supermercado
супермаркет

la oferta especial
пешниҳоди махсус
FOR
el cliente
мизоҷ
los lácteos
шир
la fruta
мева
el changuito
аробача

BUTCHERS

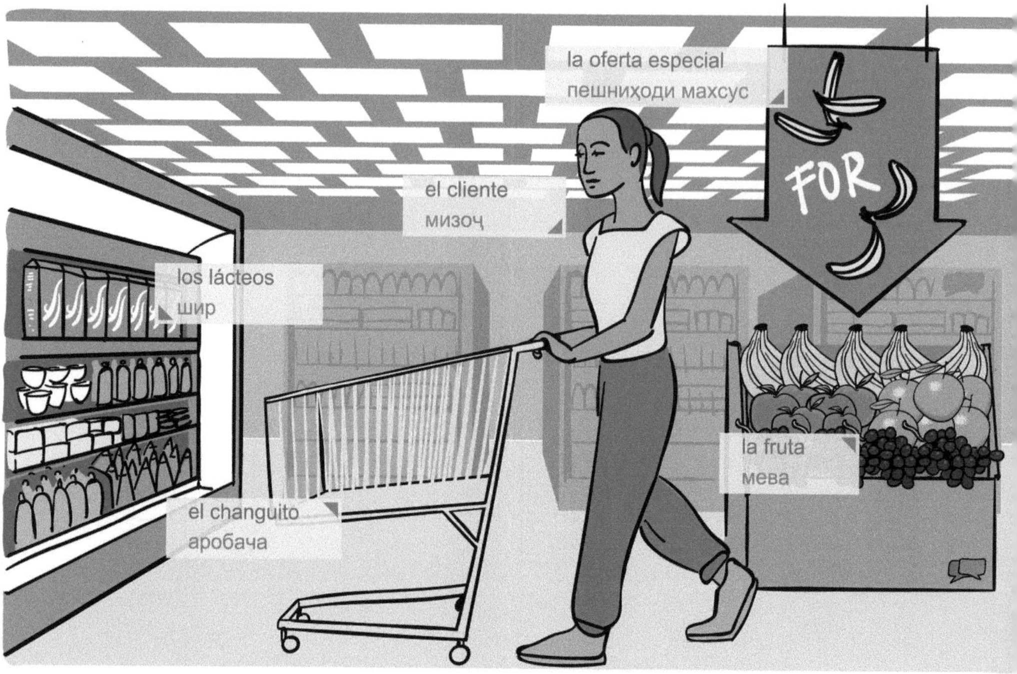

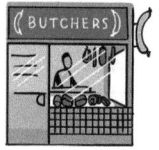

la carnicería

дукони гӯштфурӯшӣ

BAKERY

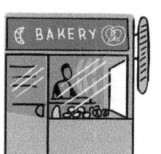

la panadería

дукони нонфурӯшӣ

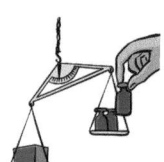

pesar

баркашидан

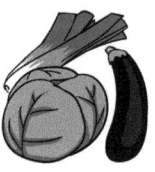

las verduras

сабзавот

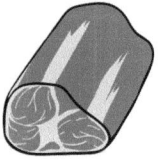

la carne

гӯшт

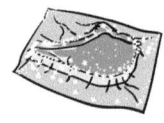

los alimentos congelados

хӯроки яхбаста

los fiambres

ғилимҳои борик буридаи гушт

los alimentos enlatados

озуқаворï консервонидашуда

el detergente en polvo

хокаи либосшӯй

las golosinas

ширинй

los electrodomésticos

асбоби рӯзгор

los productos de limpieza

воситаҳои тозакунанда

la vendedora

фурӯшанда

la caja

касса

el cajero

кассир

la lista de compras

рӯихати харидкунй

el horario de atención

соат ифтитоҳи

la billetera

ҳамён

la tarjeta de crédito

корти кредитй

la cartera

ҷуздо

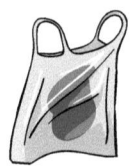

la bolsa de plástico

пакет

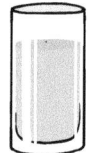

el agua

об

el jugo

шарбат

la leche

шир

la bebida cola

кола

el vino

шароб

la cerveza

оби ҷав

el alcohol

машрубот

el cacao

какао

el té

чой

el café

қаҳва

el café expreso

эспрессо

el cappuccino

каппучино

la banana

банан

la manzana

себ

la naranja

норанчӣ

el melón

харбуза

el limón

лимӯ

la zanahoria

сабзӣ

el ajo

сир

el bambú

бамбук

la cebolla

пиёз

el champiñón

занбӯруғ

las nueces

чормағз

los fideos

угро

los tallarines

спагеттй

el arroz

биринҷ

la ensalada

салат

las papas fritas

картошкаи қоқак

las papas fritas

картошкабирён

la pizza

Pizza

la hamburguesa

гамбургер

el sándwich

бутербурод

el churrasco

шнитсел

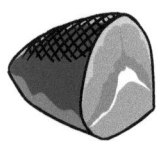

el jamón

гӯшти намакардаи хук

el salame

ҳасиби салямй

la salchicha

ҳасиб

el pollo

мурғ

el asado

кабоб

el pescado

моҳй

los copos de avena

ярмаи чав

el muesli

омехтаи ғалладонагӣ

los copos de maíz

ярмаи чуворимакка

la harina

орд

la medialuna

кулчақанд

el pancito

кулчақанд

el pan

нон

la tostada

як порча нони бирён

las galletitas

кулчачаҳои қандин

la manteca

маска

la cuajada

творог

la torta

пирог

el huevo

тухм

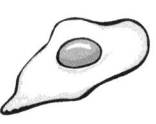

el huevo frito

тухм бирён

el queso

панир

el helado

яхмос

el azúcar

шакар

la miel

асал

la mermelada

мураббо

la pasta de chocolate

хамираи ҳалво

el curry

Curry

la comida - таъом

la granja
ферма

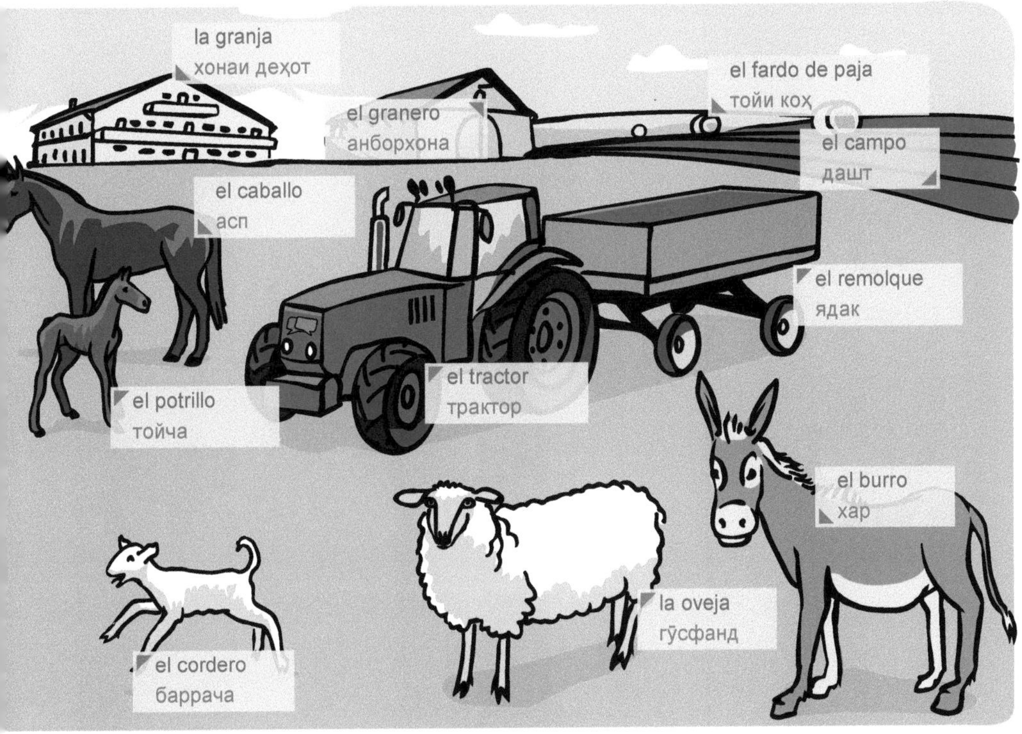

la granja
хонаи деҳот
el fardo de paja
тойи коҳ
el granero
анборхона
el campo
дашт
el caballo
асп
el remolque
ядак
el tractor
трактор
el potrillo
тойча
el burro
хар
la oveja
гӯсфанд
el cordero
баррача

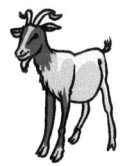

la cabra
буз

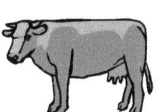

la vaca
гов

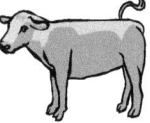

el ternero
гӯсола

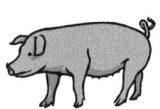

el cerdo
хук

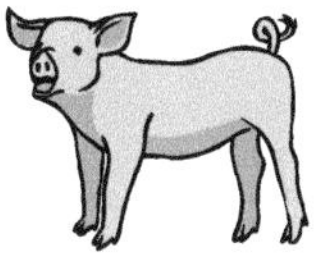
el lechón
хукча

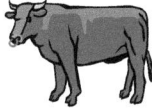

el toro
буққа

el ganso

қоз

el pato

мурғобӣ

el pollo

чӯҷа

la gallina

мурғ

el gallo

хурӯс

la rata

каламуш

el gato

гурба

el ratón

муш

el buey

барзагов

el perro

саг

la cucha

хоначаи саг

la manguera

рӯдаи резинӣ

la regadera

камобӣ метавонад

la guadaña

дос

el arado

сипори шудгоркунии
замин

la hoz

доси

la azada

каланд

la horquilla

панчшоха

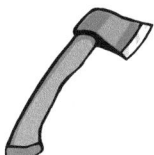

el hacha

табар

la carretilla

ароба

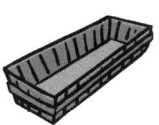

el abrevadero

охур

la lechera

зарфи ширгирӣ

la bolsa

халта

la reja

девор

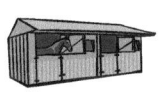

el establo

мӯътадил

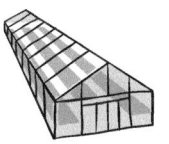

el invernadero

гармхона

el suelo

хок

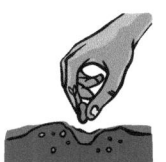

la semilla

тухмӣ

el fertilizador

нуриҳо

la cosechadora

комбайни ғаллағундорӣ

cosechar

ҳосил

la cosecha

ҳосил

las batatas

yams

el trigo

гандум

la soja

лубиж

la papa

картошка

el maíz

ҷуворӣ

la semilla de colza

донаи маъсар

el árbol frutal

дарахти мева

la mandioca

manioc

los cereales

ғалладона

la casa
хона

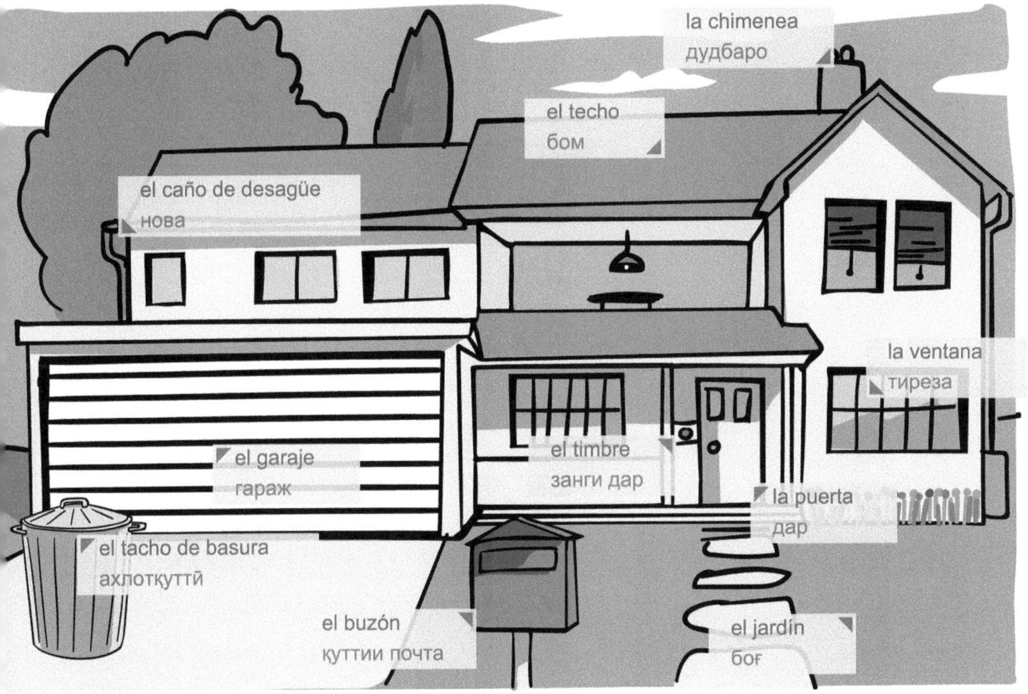

la chimenea
дудбаро
el techo
бом
el caño de desagüe
нова
la ventana
тиреза
el garaje
гараж
el timbre
занги дар
la puerta
дар
el tacho de basura
ахлотқуттӣ
el buzón
қуттии почта
el jardín
боғ

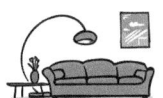

el living
мехмонхона

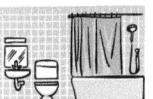

el baño
ҳамом

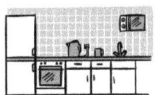

la cocina
ошхона

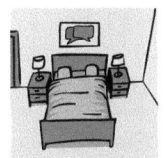

el dormitorio
хонаи хоб

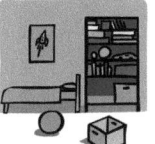

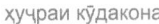

el cuarto de los chicos
ҳуҷраи кӯдакона

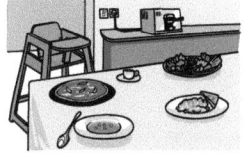

el comedor
ошхона

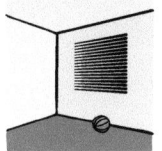

el piso
ошёна

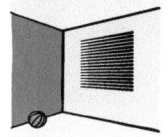

la pared
девор

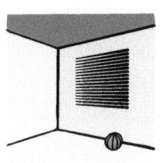

el cielorraso
шифт

el sótano
тагзаминӣ

el sauna
сауна

el balcón
балкон

la terraza
суфача

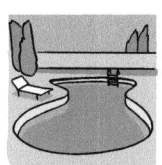

la pileta
ҳавз

la cortadora de pasto
мошини алафдарав

la sábana
варақ

el acolchado
кампал

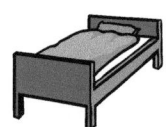

la cama
кат

la escoba
ҷорӯб

el balde
сатил

el interruptor
калид

el living

мехмонхона

el empapelado
зардеворӣ
la imagen
расм
la lámpara
лампа
el estante
рафи китобмонӣ
el armario
ҷевони зарфҳо
la televisión
телевизор
la chimenea
оташдон
la flor
гул
el almohadón
болишт
el sofá
диван
el florero
гулдон
el control remoto
пулт

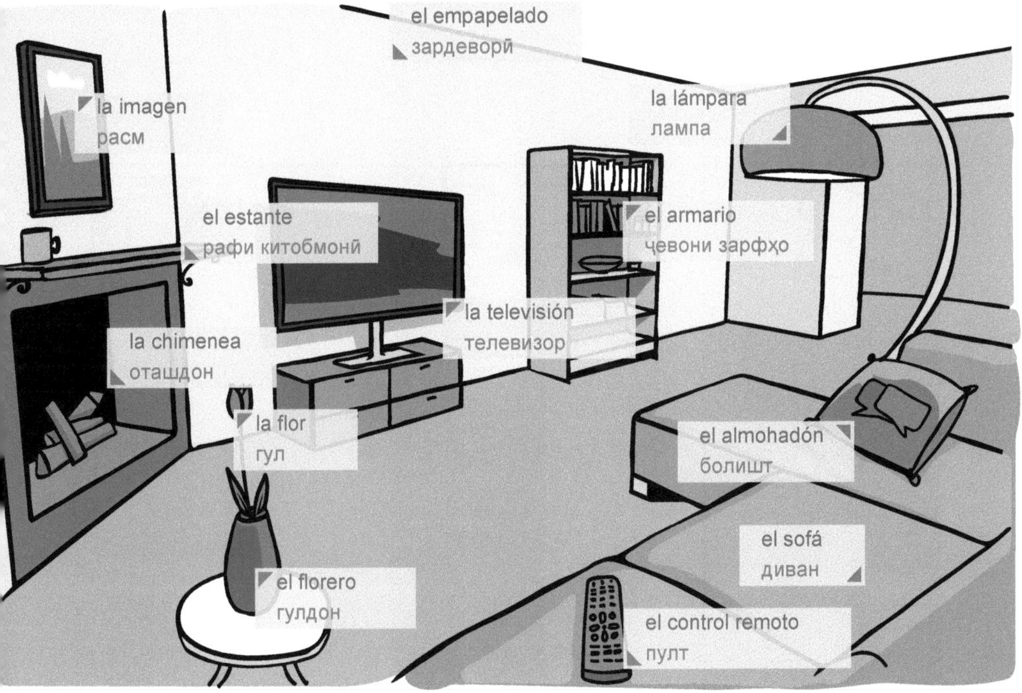

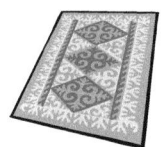

la alfombra

қолин

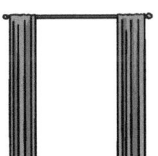

la cortina

парда

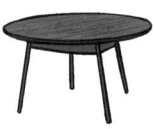

la mesa

мизи

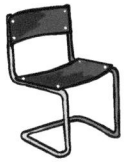

la silla

курсӣ

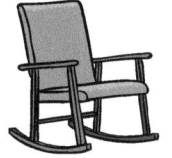

la mecedora

rocking кафедраи

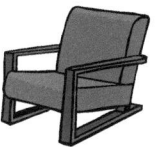

el sillón

курсӣ

el libro

китоб

la frazada

курпа

la decoración

ороиш

la leña

ҳезум

la película

филм

el equipo de música

дастгоҳи hi-fi

la llave

калид

el diario

рӯзнома

la pintura

расм

el póster

эълон

la radio

радио

el cuaderno

китобчаи қайдҳо

la aspiradora

чангкашак

el cactus

кактус

la vela

шам

el living - мехмонхона

la cocina
ошхона

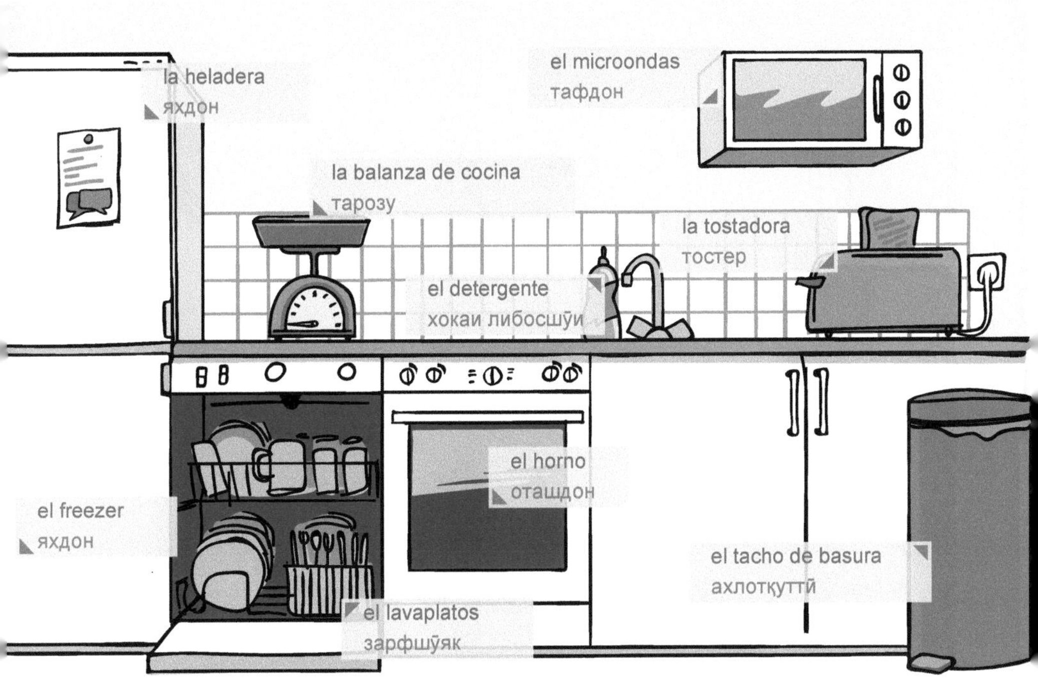

la heladera
яхдон
el microondas
тафдон
la balanza de cocina
тарозу
la tostadora
тостер
el detergente
хокаи либосшӯӣ
el horno
оташдон
el freezer
яхдон
el tacho de basura
ахлотқуттӣ
el lavaplatos
зарфшӯяк

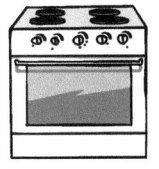

la cocina
....
плита

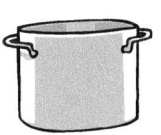

la olla
....
тубак

la olla de hierro fundido
....
дег

el wok
....
дег / кадӣ

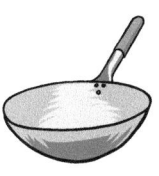

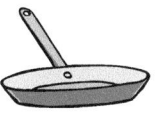

la sartén
....
тоба

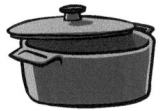

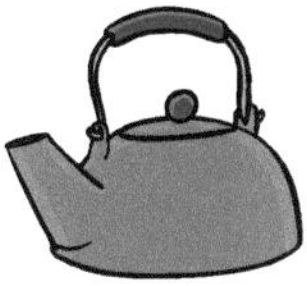

la pava
....
чойник

la vaporera

steamer

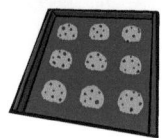

la bandeja de horno

лист

la vajilla

зарф

la taza

кружка

el bol

коса

los palitos

чубаки хурокхӯрӣ

el cucharón

кафлези

la espátula

кафлези ҳамвор

la batidora

whisk

el colador

strainer

el colador

элак

el rallador

турбтарошак

el mortero

миномет

la parrilla

Кабоб Кардан

la fogata

оташ кушод

la tabla de picar

тахтаи резакунй

el palo de amasar

чӯба

el sacacorchos

пӯккашак

la lata

банка

el abrelatas

консервокушояк

la manopla

дастак

la pileta

дастшӯяк

el cepillo

чӯтка

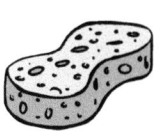

la esponja

исфанч

la batidora

блендер

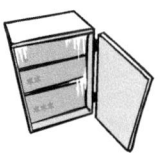

el congelador

сармодон

la mamadera

шишача

la canilla

чумак

el baño

ҳамом

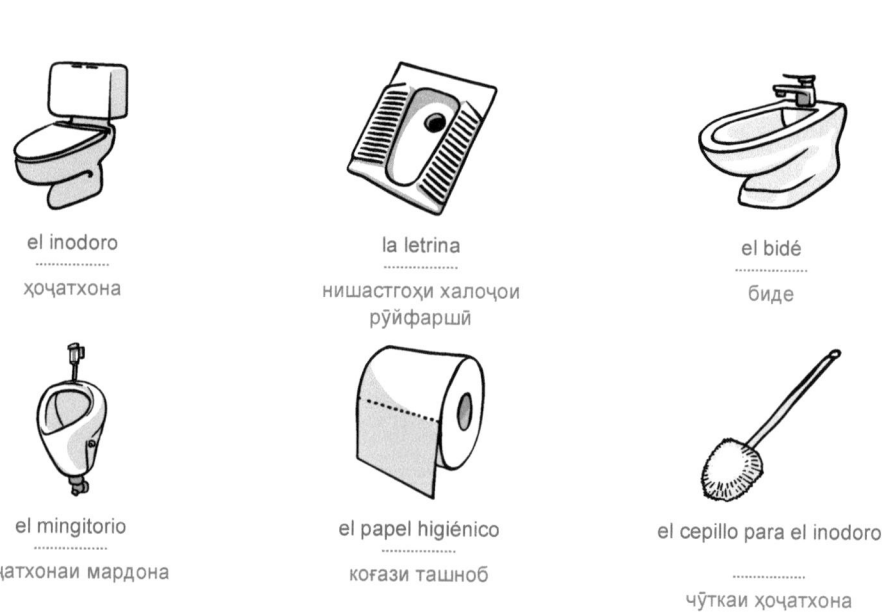

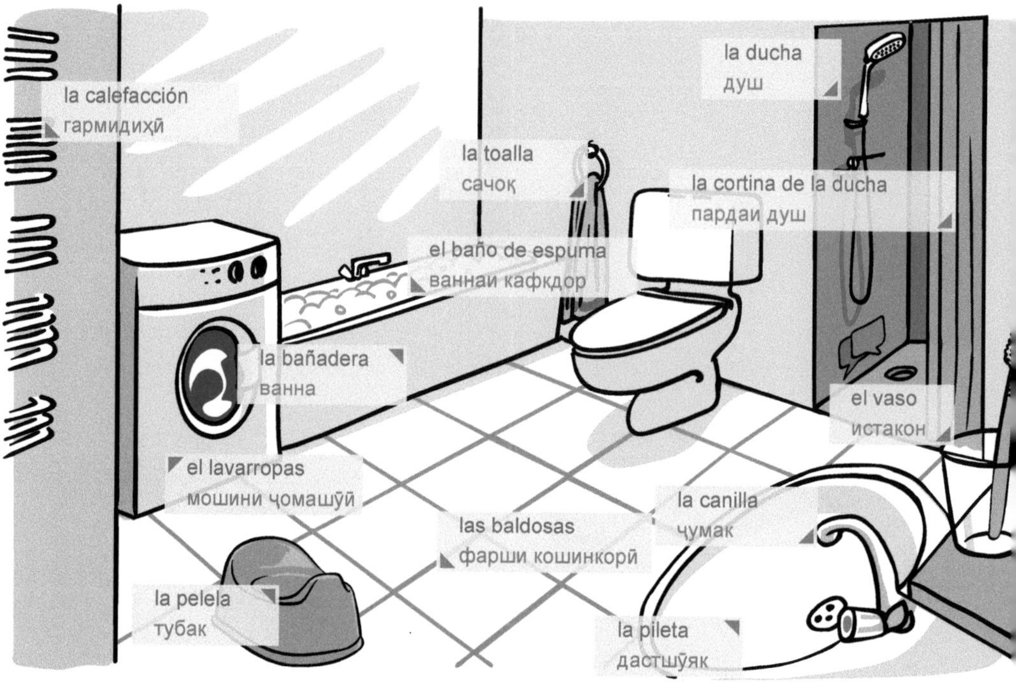

la calefacción
гармидиҳӣ
la toalla
сачоқ
la ducha
душ
la cortina de la ducha
пардаи душ
el baño de espuma
ваннаи кафкдор
la bañadera
ванна
el vaso
истакон
el lavarropas
мошини ҷомашӯӣ
la canilla
ҷумак
las baldosas
фарши кошинкорӣ
la pelela
тубак
la pileta
дастшӯяк

el inodoro

ҳоҷатхона

la letrina

нишастгоҳи халоҷои рӯйфаршӣ

el bidé

биде

el mingitorio

ҳоҷатхонаи мардона

el papel higiénico

коғази ташноб

el cepillo para el inodoro

чӯткаи ҳоҷатхона

el cepillo de dientes

дандоншӯяк

el dentífrico

хамираи дандоншӯи

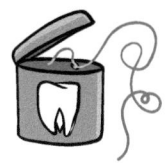

el hilo dental

риштаи дандонтозакунӣ

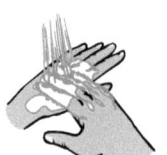

lavar

шӯстан

la ducha de mano

души дастӣ

la ducha higiénica

обшӯй

la palangana

ҳавза

el cepillo para la espalda

шона кардани мӯй

el jabón

собун

el gel de ducha

гел барои душ

el shampoo

шампун

la toallita

бумазӣ

el desagüe

заҳкаш

la crema

крем

el desodorante

дезодорант

el baño - ҳамом

el espejo

оина

el espejito

оинаи дастӣ

la maquinita de afeitar

риштарошаки барқи

la espuma de afeitar

кафк барои риштарошӣ

el aftershave

оби мушкини баъди
риштарошӣ

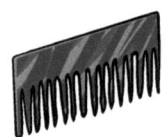

el peine

шона

el cepillo

чӯтка

el secador de pelo

мӯйхушкунак

el spray

лак барои мӯй

el maquillaje

косметика

el lápiz de labios

лабсурхкунак

el esmalte para uñas

лок барои нохун

el algodón

пахта

la tijera para uñas

қайчии нохунгирӣ

el perfume

атриёт

el baño - ҳамом

el portacosméticos

чузвдони косметики

la banqueta

қазои ҳоҷат

la balanza

тарозу

la bata

хилъат

los guantes de goma

дастпӯшак резина

el tampón

тампон

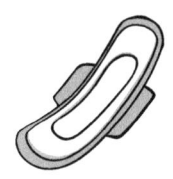

la toallita femenina

дастмоли санитарй

el baño químico

био-ҳоҷатхона

el cuarto de los chicos

ҳуҷраи кӯдакона

el despertador
соати рӯимизии зангдор
el peluche
бозичаи мулоим
el coche de juguete
мошини бозича
el sonajero
тиқ-тиқ кардан
la casa de muñecas
хоначаи бозичагӣ
el regalo
ҳузур

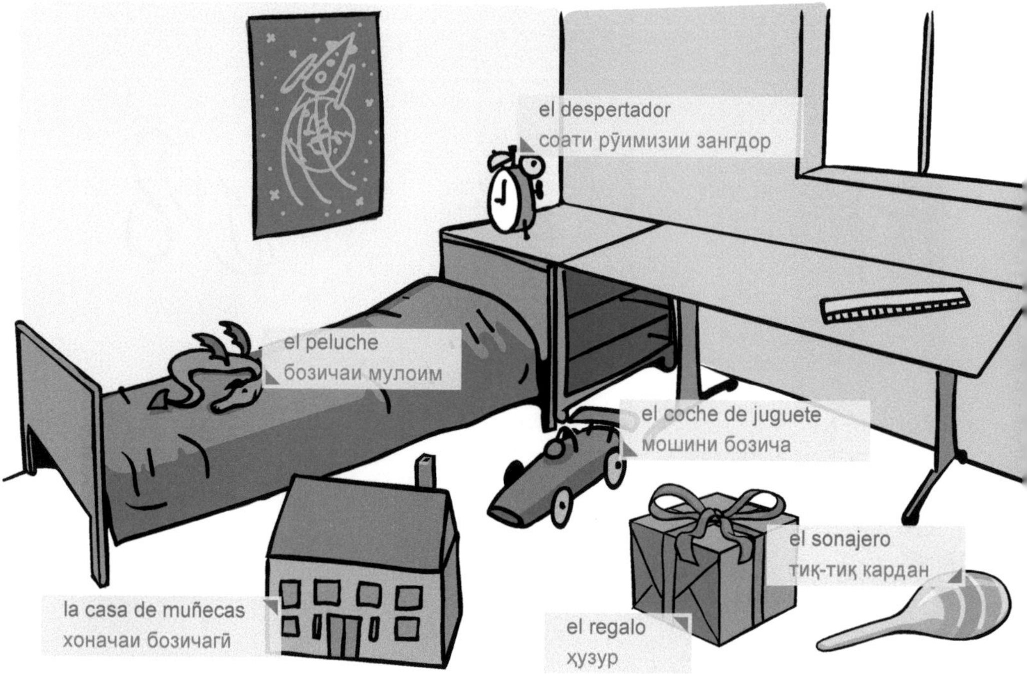

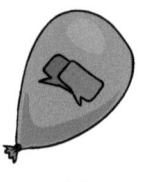

el globo

пуфак

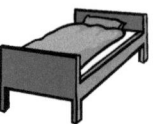

la cama

кат

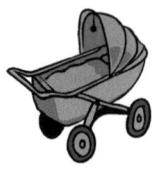

el cochecito

аробочаи кудакона

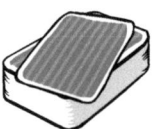

las cartas

маҷмӯи кортҳо

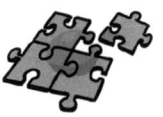

el rompecabezas

бозии муамоёбӣ

SUPER
MEGA

la historieta

комикс

las piezas de lego

хиштҳои лего

los ladrillos de juguete

мағозаи бозичафурӯхтан

la figura de acción

рақам амал

el enterito (de bebé)

либоси ғаваккашй

el frisbee

фрисби

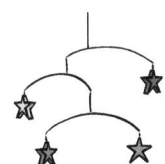

el móvil para bebés

мобилй

el juego de mesa

лавҳачаи бозй

los dados

кубик

el tren eléctrico

маҷмӯи модели қатора

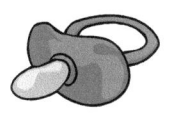

el chupete

пистонак

la fiesta

ҳизб

el libro de cuentos ilustrado

китоби расм

la pelota

тӯб

la muñeca

лӯхтак

jugar

бози кардан

el arenero

куттии рег

la hamaca

арғунчак

los juguetes

бозича

la consola de videojuegos

консоли бозиҳои видеой

el triciclo

велосипеди сечарха

el osito de peluche

хирсаки бахмалии патдор

el armario

чевон

la ropa

либос

las medias

ҷуроб

las medias panty

ҷуроби соқбаланд

las calzas

колготки

la bufanda
гарданпеч

el paraguas
чатр

la remera
футболка

el cinturón
тасма

las botas
пойафзол

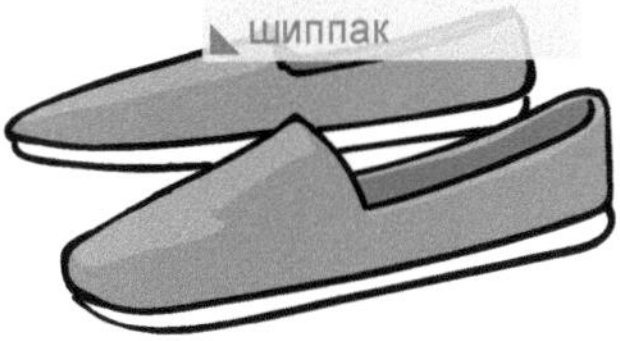

las pantuflas
шиппак

las zapatillas
кроссовки

las sandalias
босоножкй

los zapatos
пойафзол

las botas de goma
музаи резинй

la ropa interior
турсй

el corpiño
синабанд

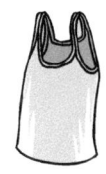

el chaleco
майка

el body
бадан

los pantalones
шим

los jeans
чинс

la pollera
юбка

la blusa
куртаи нимтаи занона

la camisa
курта

el pulóver
свитер

el buzo
свитер

el blazer
пичак

la campera
нимтана

el tapado
палто

el piloto
плаш

el traje
костюм

el vestido
куртаи занона

el vestido de novia
либос тӯйи

el traje

костюм

el camisón

куртаи хоб

el pijama

пижама

el sari

Сари

el pañuelo para la cabeza

рӯймол

el turbante

салла

la burka

ниқобу

el caftán

кафтан

la abaya

абая

el traje de baño

либоси обозӣ

el short de baño

эзорчаи шиновари
мардона

los shorts

шорти

el jogging

либоси варзишӣ

el delantal

пешбанд

los guantes

дастпӯшак

la ropa - либос

el botón

тугма

los anteojos

айнак

la pulsera

дастпона

el collar

гарданбанд

el anillo

ангуштарин

el aro

гӯшвора

la gorra

кулоҳ

la percha

либосовезак

el sombrero

кулоҳ

la corbata

галстук

el cierre

занҷирак

el casco

тоскулоҳ

los tiradores

шимбардор

el uniforme escolar

либоси мактабӣ

el uniforme

либоси

el babero

пешгир

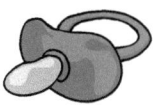

el chupete

пистонак

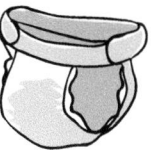

el pañal

подгузник

la oficina

идора

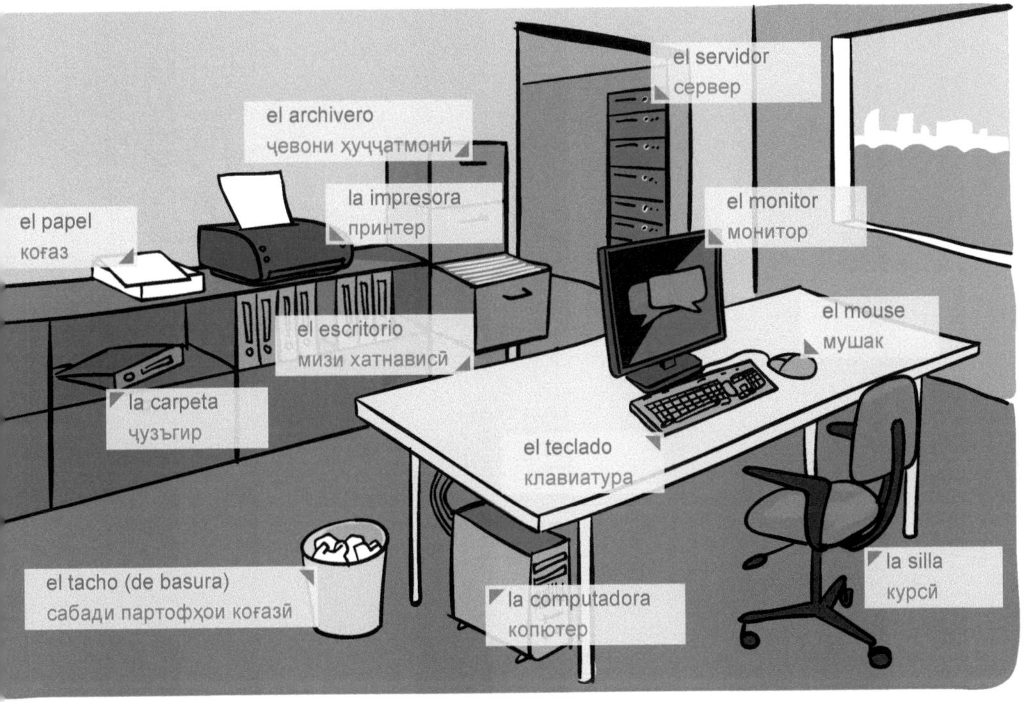

el servidor
сервер

el archivero
чевони ҳуҷҷатмонӣ

la impresora
принтер

el papel
коғаз

el monitor
монитор

el escritorio
мизи хатнависӣ

el mouse
мушак

la carpeta
ҷузъгир

el teclado
клавиатура

el tacho (de basura)
сабади партофҳои коғазӣ

la silla
курсӣ

la computadora
копютер

la taza de café

кружкаи қаҳванӯшӣ

la calculadora

калкулятор

el internet

интернет

la laptop

ноутбук

la carta

мактуб

el mensaje

хабар

el celular

телефони мобилй

la red

шабака

la fotocopiadora

нусхабардор

el software

нармафзор

el teléfono

телефон

el tomacorriente

розетка

el fax

факс

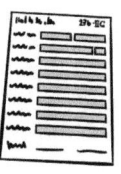

el formulario

шакл

el documento

хуччат

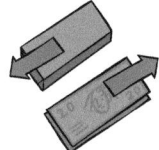

comprar

харидан

pagar

пардохт

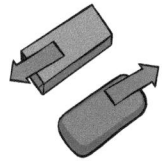

hacer negocios

савдо

el dinero

пул

el dólar

доллар

el euro

евро

el yen

йен

el rublo

рубл

el franco suizo

франки швейцариягӣ

el yuan

юан

la rupia

рупӣ

el cajero automático

нуқтаи нақд

la casa de cambio

нуқтаи мубодилаи асъор

el oro

тилло

la plata

нуқра

el petróleo

равғани растанй

la energía

энерги

el precio

нарх

el contrato

шартнома

el impuesto

андоз

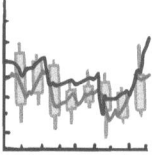

la acción

сахмия

trabajar

кор

el empleado

хизматчй

el empleador

соҳибкор

la fábrica

завод

el negocio

сехи

el bombero
сӯхторхомӯшкун

el policía
команди полис

el cocinero
ошпаз

el médico
духтур

el piloto
халабон

el jardinero

боғбон

el carpintero

чӯбтарош

la modista

дӯзанда

el juez

судя

el farmacéutico

кимиёшинос

el actor

актер

el colectivero

ронандаи автобус

el taxista

таксист

el pescador

моҳигир

la mucama

фаррошзан

el techista

устои бомпӯш

el mozo

пешхизмат

el cazador

шикорчӣ

el pintor

расом

el panadero

нонвой

el electricista

барқ

el albañil

сохтмончӣ

el ingeniero

инженер

el carnicero

қассоб

el plomero

устои шабакаи об

el cartero

хаткашон

el soldado
сарбоз

el arquitecto
меъмор

el cajero
кассир

el florista
гулфурӯш

el peluquero
сартарош

el cobrador
кондуктор

el mecánico
механик

el capitán
капатан

el dentista
духтури дандон

el científico
олим

el rabino
хохом

el imán
имом

el monje
шайх

el sacerdote
саркоҳин

las herramientas
асбобҳо

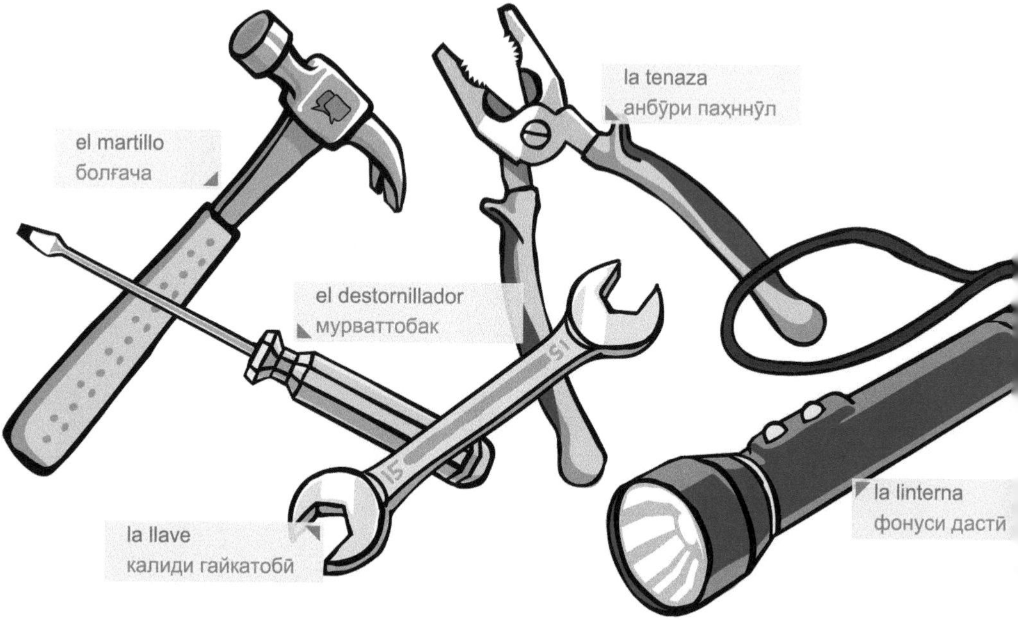

el martillo
болғача
la tenaza
анбӯри паҳннӯл
el destornillador
мурваттобак
la llave
калиди гайкатобӣ
la linterna
фонуси дастӣ

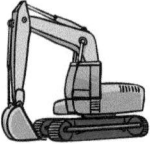

la excavadora

экскаватор

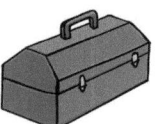

la caja de herramientas

қутии асбобҳо

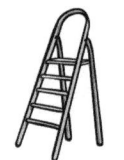

la escalera portátil

зинапоя

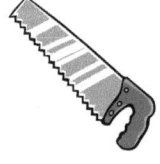

la sierra

арра

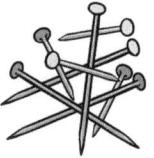

los clavos

мехҳо

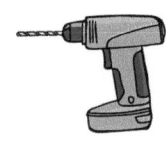

el taladro

пармаи электрикӣ

arreglar
....
таъмир

la pala de jardín
....
бел

¡Qué bronca!
....
Сабил монад!

la pala de plástico
....
белчаи хокрӯбагирӣ

el tacho de pintura
....
сатили ранг

los tornillos
....
мехи печдор

los instrumentos musicales
асбобҳои мусиқӣ

el parlante
динамик

la batería
асбоби нақоразанӣ

la guitarra
гитара

el contrabajo
контрабас

la trompeta
карнай

el piano

пианино

el violín

ғиччак

el bajo

бас-гитара

los timbales

нақораи поядор

el tambor

нақора

el teclado

клавиатура

el saxofón

саксофон

la flauta

най

el micrófono

баландгӯяд

el zoológico

боғи ҳайвонот

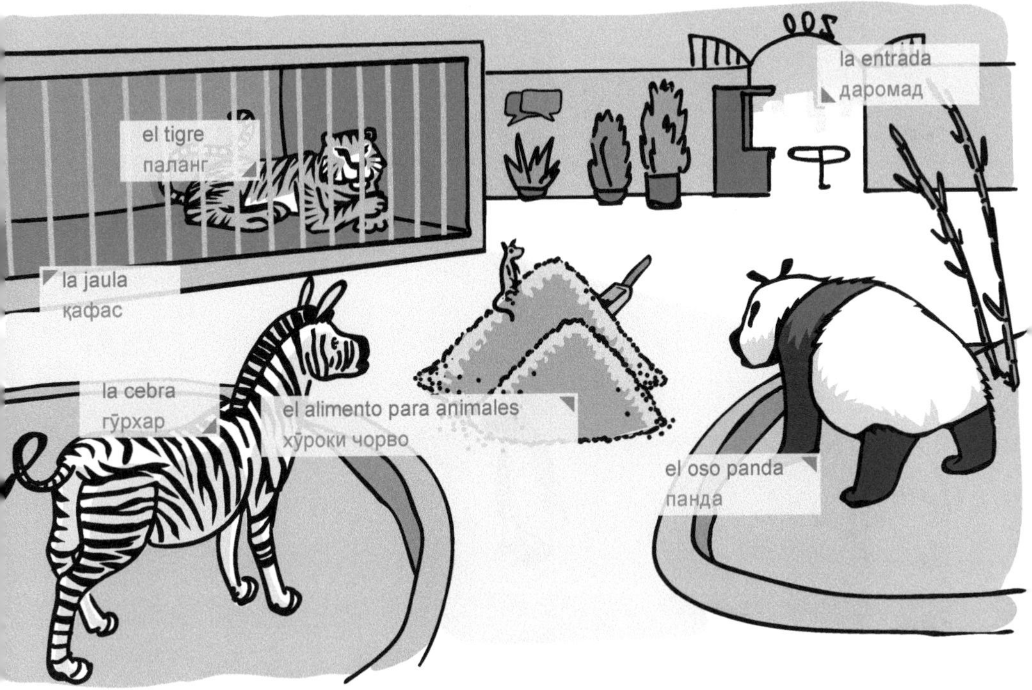
la entrada
даромад
el tigre
паланг
la jaula
қафас
la cebra
гӯрхар
el alimento para animales
хӯроки чорво
el oso panda
панда

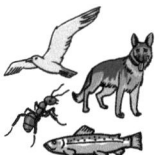

los animales

ҳайвонот

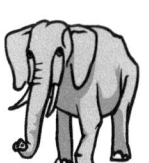

el elefante

фил

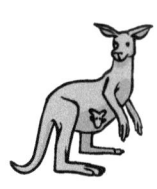

el canguro

кенгуру

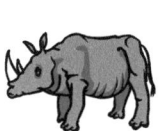

el rinoceronte

каркадан

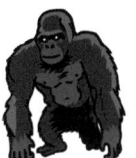

el gorila

горилла

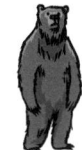

el oso

хирси бӯр

el camello

шутур

el avestruz

шутурмурғ

el león

шер

el mono

маймун

el flamenco

бутимор

el loro

тӯти

el oso polar

хирси сафед

el pingüino

пингвин

el tiburón

наҳанг

el pavo real

товус

la serpiente

мор

el cocodrilo

тимсоҳ

el cuidador del zoológico

посбон

la foca

сил

el jaguar

ягуар

el poni

аспи кӯтоҳқад

el leopardo

леопард

el hipopótamo

баҳмут

la jirafa

заррофа

el águila

уқоб

el jabalí

хуки ваҳшӣ

el pescado

моҳӣ

la tortuga

сангпушт

la morsa

морж

el zorro

рӯбоҳ

la gacela

ғизол/оху

el fútbol americano
футболи амрикои

el ciclismo
велосипедронӣ

el tenis
теннис

el básquet
баскетбол

la natación
шиноварӣ

el boxeo
бокс

el hockey sobre hielo
хоккей

el fútbol
футбол

el bádminton
бадмингтон

el atletismo
атлетика

el handball
гандбол

el esquí
лижаронӣ

el polo
тӯббозӣ бо асп

las actividades
фаъолият

saltar
паридан
abrazar
оғӯш гирифтан
reír
ханда
caminar
пиёда рафтан
cantar
шеър хондан
soñar
орзӯ кардан
rezar
ибодат кардан
besar
бӯса кардан

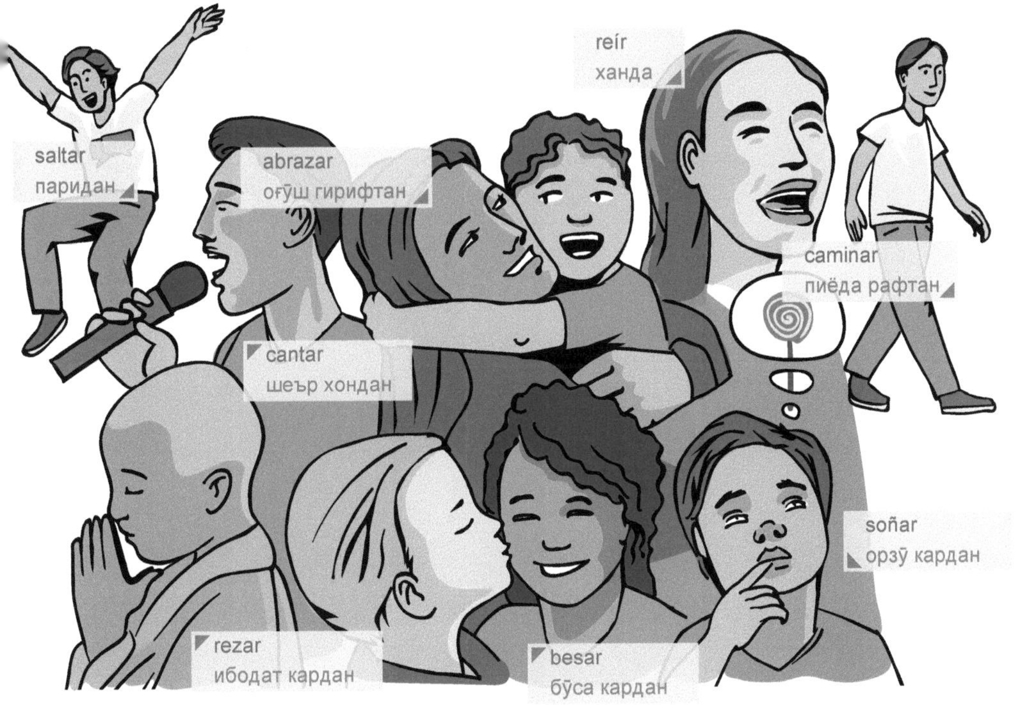

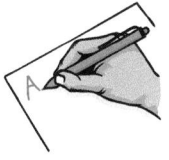

escribir
навиштан

dibujar
кашидан

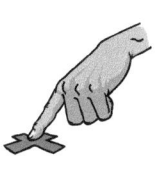

mostrar
нишон додан

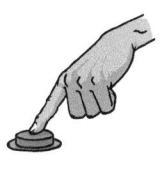

presionar
тела додан

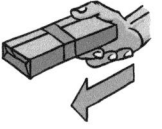

dar
додан

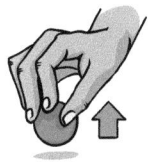

tomar
гирифтан

tener
доранд

hacer
кор

ser
бошад

estar parado
истодан

correr
давидан

tirar
кашидан

tirar
партофтан

caer
афтидан

estar acostado
дароз кашидан

esperar
интизор шудан

llevar
бардошта бурдан

estar sentado
нишастан

vestirse
либос пӯшидан

dormir
хобин

despertar
бедор шудан

mirar

нигоҳ кардан

llorar

гиря кардан

acariciar

сила кардан

peinar

шона

hablar

гап задан

entender

фаҳмидан

preguntar

пурсидан

escuchar

гӯш кардан

beber

нӯштдан

comer

хӯрдан

ordenar

ғундоштан

amar

ишқ

cocinar

ошпаз

manejar

рондан

volar

парвоз кардан

navegar

бо бодбон ҳаракат кардан

calcular

ҳисоб кардан

leer

хондан

aprender

омӯхтан

trabajar

кор

casarse

оиладор шудан

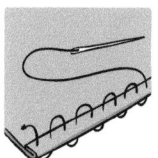

coser

дӯхтан

cepillarse los dientes

дадон шӯстан

matar

куштан

fumar

дуд

enviar

фиристодан

las actividades - фаъолият

la familia
оила

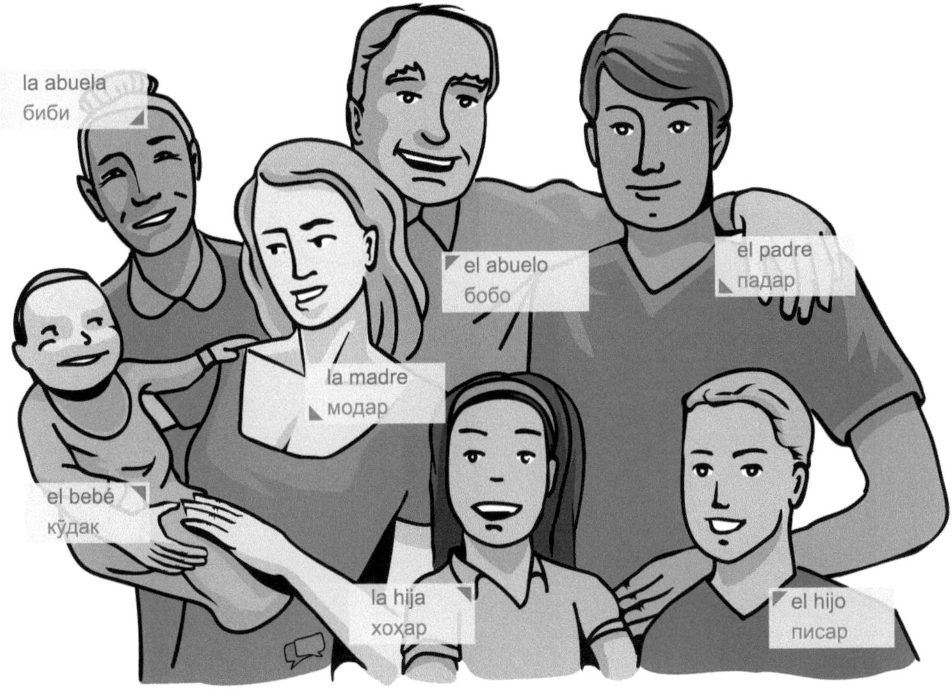

la abuela
биби
el abuelo
бобо
el padre
падар
la madre
модар
el bebé
кӯдак
la hija
хоҳар
el hijo
писар

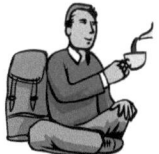

el invitado

меҳмон

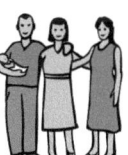

la tía

хола

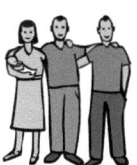

el tío

амак

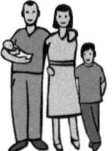

el hermano

бародар

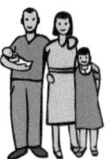

la hermana

хоҳар

el cuerpo
бадан

la frente
пешонӣ
el ojo
чашм
el hombro
китф
el dedo
ангушт
la cara
рӯй
la pera
манаҳ
la mano
панҷаи даст
la pierna
пой
el pecho
қафаси сина
el brazo
даст

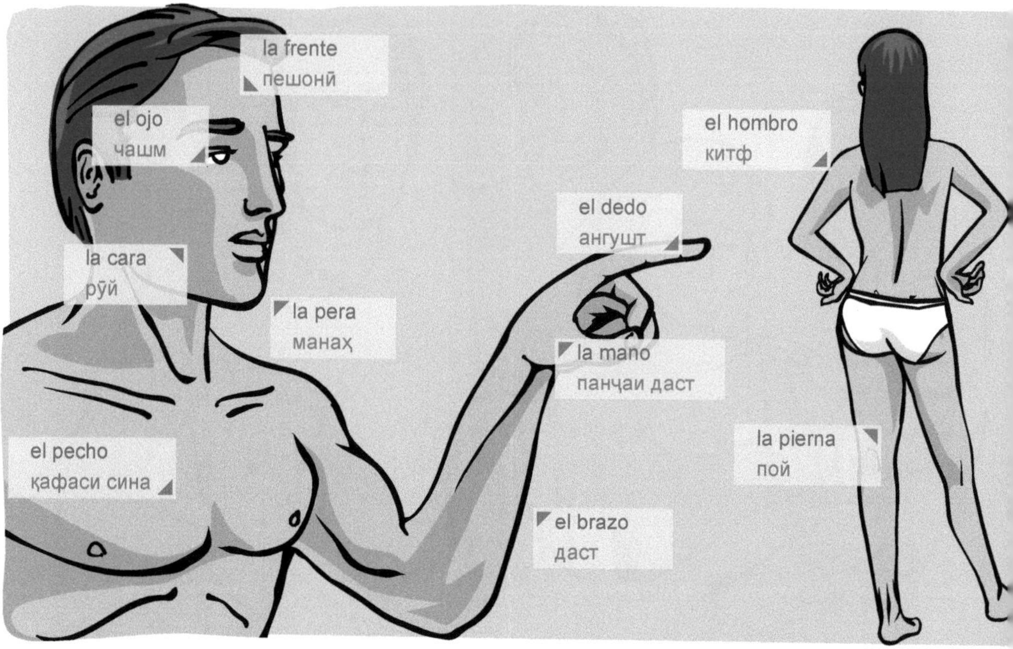

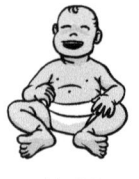

el bebé

кӯдак

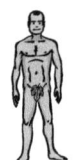

el hombre

мард

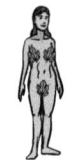

la mujer

зан

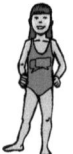

la nena

духтар

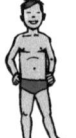

el nene

писар

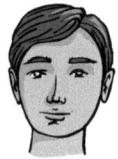

la cabeza

сар

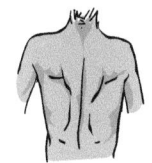

la espalda

пушт

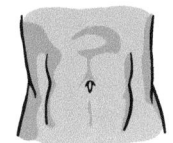

la panza

шикам

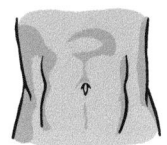

el ombligo

ноф

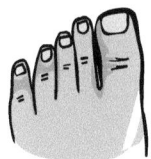

el dedo del pie

ангушти пой

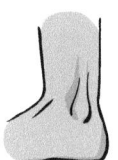

el talón

пошнаи пой

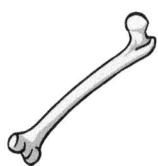

el hueso

устухон

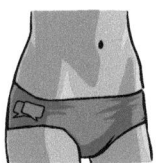

la cadera

рон

la rodilla

зону

el codo

оринч

la nariz

бинй

la cola

таг

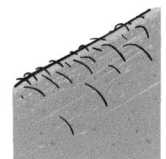

la piel

пӯст

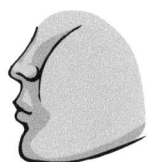

el cachete

рухсора

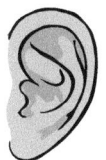

la oreja

гӯш

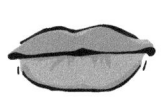

el labio

лаб

la boca

даҳон

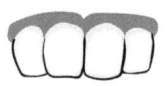

el diente

дадон

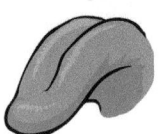

la lengua

забон

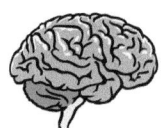

el cerebro

майнаи сар

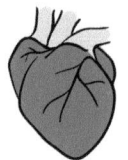

el corazón

дил

el músculo

мушак

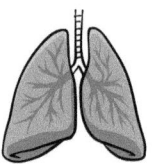

el pulmón

шуш

el hígado

ҷигар

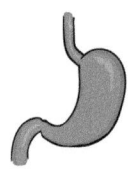

el estómago

меъда

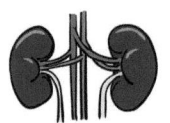

los riñones

гурдаҳо

el sexo

алоқаи ҷинсӣ

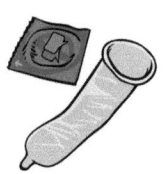

el preservativo

рифола

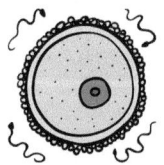

el óvulo

тухмхуҷайра

el semen

нутфа

el embarazo

ҳомиладорӣ

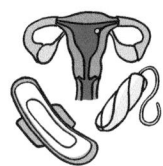

la menstruación
ҳайз

la vagina
маҳбал

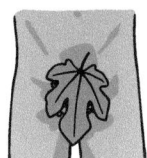

el pene
кер

la ceja
абрӯ

el pelo
мӯй

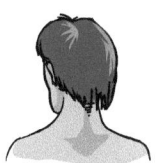

el cuello
гардан

el hospital
бемористон

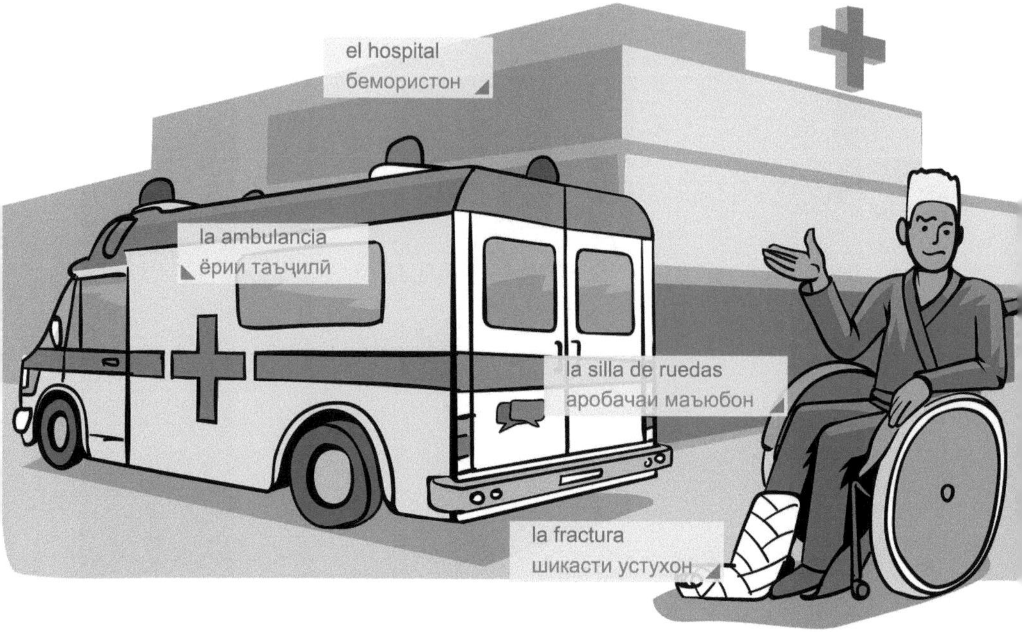

el hospital
бемористон
la ambulancia
ёрии таъчилӣ
la silla de ruedas
аробачаи маъюбон
la fractura
шикасти устухон

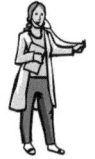

el médico

духтур

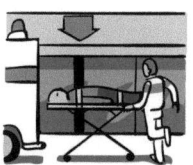

la sala de guardia

ҳуҷраи ёрии фаврӣ

la enfermera

ҳамшираи тиббӣ

la emergencia

ҳолати фавқулодда

inconsciente

беҳуш

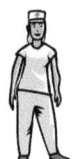

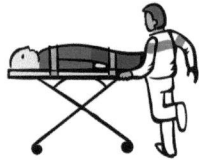

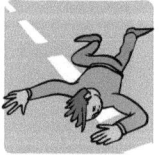

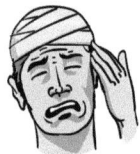

el dolor

дард

la lesión

ҷароҳат

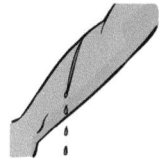

la hemorragia

хунравӣ

el infarto

дилзанак

el ACV

сактаи майна

la alergia

аллергия

la tos

сулфа

la fiebre

табларза

la gripe

грипп

la diarrea

шикамравӣ

el dolor de cabeza

сардард

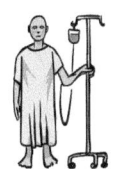

el cáncer

саратон

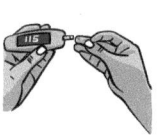

la diabetes

диабет

el cirujano

ҷарроҳ

el bisturí

скалпел

la operación

ҷарроҳӣ

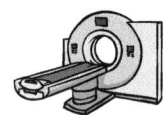

la TC

Томографияи компютерй

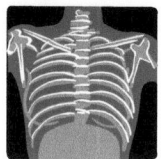

los rayos x

шӯъои ренгенй

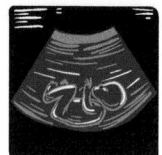

la ecografía

ултрасадо

el barbijo

ниқоби рӯй

la enfermedad

беморй

la sala de espera

ҳуҷраи интизорй

la muleta

асобағал

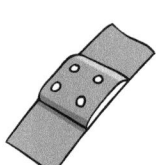

la curita

марҳам

la venda

дока

la inyección

сӯзандору

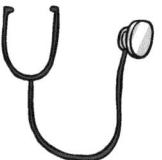

el estetoscopio

стетоскоп

la camilla

занбар

el termómetro

ҳароратсанҷ

el nacimiento

таваллуд

el sobrepeso

вазни зиёдатй

el audífono

тачхизоти шунавой

el desinfectante

моддаи безараргардонй

la infección

инфексия

el virus

вирус

el VIH / SIDA

ВИЧ / СПИД

el remedio

дору

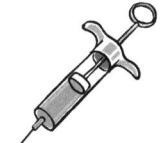

la vacunación

ваксинатсия

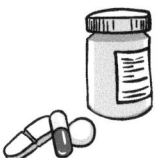

los comprimidos

ҳабҳо

la pastilla anticonceptiva

ҳаб

a llamada de emergencia

занги изтирорй

el tensiómetro

монитори фишори хун

enfermo / sano

бемор/солим

¡Ayuda!

Кумак!

la alarma

ҳушдор

la agresión

ҳучум

el ataque

ҳамла

el peligro

хатар

la salida de emergencia

баромадгоҳи таҳлиявӣ

¡Fuego!

Сӯхтор!

el matafuego

оташнишон

el accidente

садама

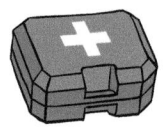

el botiquín de primeros
auxilios

дорукуттӣ

el SOS

бонги хатар

la policía

полис

Europa

Аврупо

América del Norte

Америкаи Шимолй

América del Sur

Америкаи Ҷанубй

África

Африка

Asia

Осиё

Australia

Австралия

el Atlántico

Уқёнуси Атлантик

el Pacífico

Уқёнуси Ором

el Océano Índico

Уқёнуси Ҳинд

el Océano Antártico

Уқёнуси Антарктика

el Océano Ártico

Уқёнуси Арктика

el polo norte

Қутби шимол

el polo sur

Қутби ҷануб

la Antártida

Антарктика

la Tierra

замин

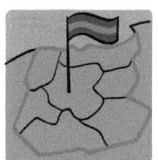

la tierra

замин

el mar

баҳр

la isla

ҷазира

la nación

миллат

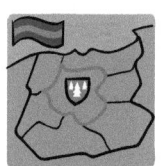

el estado

давлат

la esfera

сиферблат

la manecilla de las horas

ақрабаки соат

el minutero

ақрабаки дақиқашумор

el segundero

ақрабаки сонияшумор

¿Qué hora es?

Соат чанд?

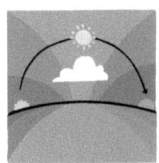

el día

рӯз

la hora

замон

ahora

ҳозир

el reloj digital

соати электронй

el minuto

лаҳза

la hora

соат

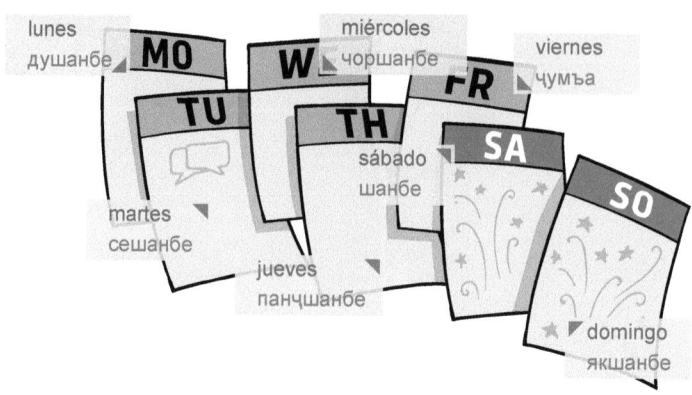

lunes
душанбе

miércoles
чоршанбе

viernes
ҷумъа

sábado
шанбе

martes
сешанбе

jueves
панҷшанбе

domingo
якшанбе

ayer

дирӯз

hoy

имрӯз

mañana

фардо

la mañana

пагоҳирӯзӣ

el mediodía

нимрӯз

la tarde

шом

los días hábiles

рӯзҳои корӣ

el fin de semana

истироҳат

el año
сол

el arco iris
рангинкамон
la lluvia
борон
la nieve
барф
el viento
шамол
la primavera
баҳор
el otoño
тирамоҳ
el verano
тобистон
el invierno
зимистон

4.APRIL 11°
5.APRIL 4°
6.APRIL 13°
7.APRIL 8°
8.APRIL 10°

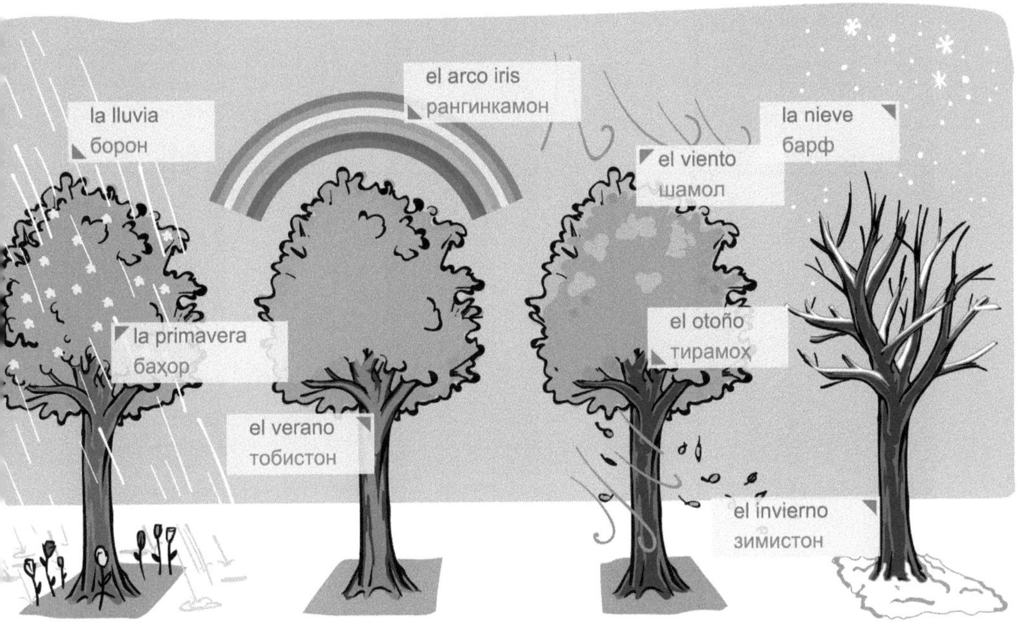

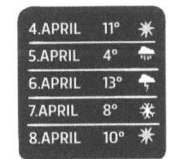

l pronóstico meteorológico

Обу ҳаво

F C
120 40
90 30
60 20
30 10
0 0
-30 -10
-20

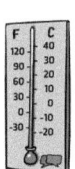

el termómetro

ҳароратсанҷ

la luz del sol

равшании офтоб

la nube

абр

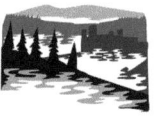

la niebla

туман

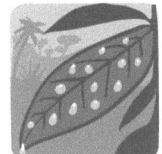

la humedad

намнок

el rayo

барқ

el trueno

тундар

la tormenta

тӯфон

el granizo

жола

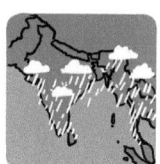

el monzón

муссон

la inundación

обхезй

el hielo

ях

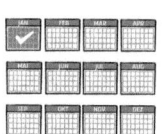

enero

январ

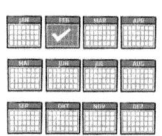

febrero

феврал

marzo

март

abril

апрел

mayo

май

junio

июн

julio

июл

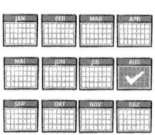

agosto

август

el año - сол

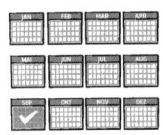

septiembre
....
сентябр

octubre
....
октябр

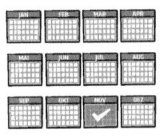

noviembre
....
ноябр

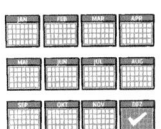

diciembre
....
декабр

las formas
баст

el círculo
....
давра

el cuadrado
....
мураббаъ

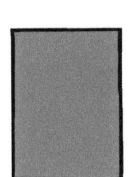

el rectángulo
....
росткуньа

el triángulo
....
секуньа

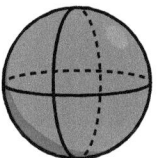

la esfera
....
соњаи

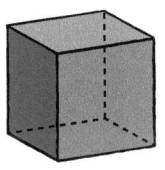

el cubo
....
мукааб

blanco
гулобй

amarillo
хокистаранг

naranja
зард

rosa
бунафшранг

rojo
сурх

violeta
қаҳваранг

azul
кабуд

verde
сиёҳ

marrón
кабуд

gris
сафед

negro
сабз

mucho / poco

бисёр/кам

enojado / tranquilo

хашмгин / ором

lindo / feo

зебо/безеб

el principio / el fin

оғози / охири

grande / chico

калон/хурд

claro / oscuro

дурахшон / торик

el hermano / la hermana

бародари / хоҳар

limpio / sucio

тоза/чиркин

completo / incompleto

пурра / нопурра

el día / la noche

рӯзи / шаб

muerto / vivo

мурдагон / зинда

ancho / angosto

кушод/танг

comestible / no comestible

хӯрданӣ / хӯрданашаванда

gordo / flaco

ғавс/борик

lleno / vacío

пур/холӣ

el hambre / la sed

гуруснагӣ / ташнагӣ

malo / amable

бад/нек

primero / último

якум/охирин

duro / blando

сахт/мулоим

enfermo / sano

бемор/солим

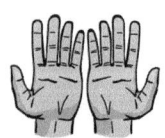

izquierda / derecha

рост/чап

entusiasmado / aburrido

ба ҳаяҷон / дилгир

el amigo / el enemigo

Дӯсти / душмани

pesado / liviano

вазнин/сабук

ilegal / legal

ғайриқонунӣ / ҳуқуқӣ

inteligente / estúpido

соҳибақл / беақл

cerca / lejos

наздик/дур

los opuestos - мухолифат

nuevo / usado

··········

нави / истифода бурда
мешавад

nada / algo

··········

ҳеҷ / чизе

viejo / joven

пир/ҷавон

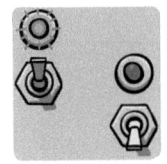

encendido / apagado

оид / хомӯш

abierto / cerrado

кушода/пӯшида

silencioso / ruidoso

··········

паст/баланд

rico / pobre

··········

бой/камбағал

correcto / incorrecto

··········

дуруст/нодуруст

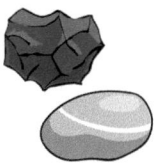

áspero / suave

дурушт/ҳамвор

triste / contento

··········

ғамгин/хушбахт

corto / largo

··········

кӯтоҳ/дароз

lento / rápido

··········

оҳиста/тез

mojado / seco

··········

тар/хушк

caliente / frío

··········

гарм / сард

guerra / paz

··········

ҷанг / сулҳ

0	1	2
cero	uno	dos
нол	як	ду

3	4	5
tres	cuatro	cinco
се	чор	панҷ

6	7	8
seis	siete	ocho
шаш	ҳафт	ҳашт

9	10	11
nueve	diez	once
нӯҳ	даҳ	ёздаҳ

12

doce
дувоздах

13

trece
сенздах

14

catorce
чордах

15

quince
понздах

16

dieciséis
шонздах

17

diecisiete
хабдах

18

dieciocho
хаждах

19

diecinueve
нуздах

20

veinte
бист

100

cien
сад

1.000

mil
хазор

1.000.000

el millón
миллион

los números - ададхо

el inglés

англисӣ

el inglés americano

англисии амрикой

el chino mandarín

мандарини хитой

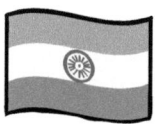

el hindi

ҳиндӣ

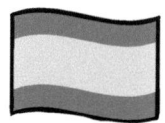

el español

испанӣ

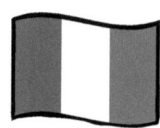

el francés

фаронсавӣ

el árabe

арабӣ

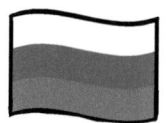

el ruso

русӣ

el portugués

португалӣ

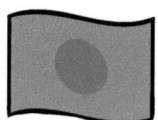

el bengalí

бенгалӣ

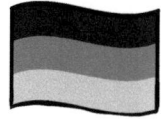

el alemán

олмонӣ

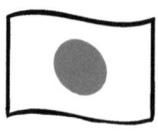

el japonés

ҷопонӣ

yo

ман

vos

шумо

él / ella

Ӯ / вай / он

nosotros

мо

ustedes

шумо

ellos

онхо

¿quién?

ки?

¿qué?

чй?

¿cómo?

Чй хел?

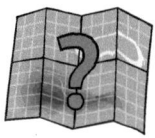

¿dónde?

дар кучо?

¿cuándo?

кай?

el nombre

ном

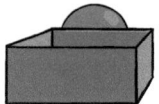

detrás

аз паси

en

дар

adelante de

дар пеши

por encima de

дар болои

sobre

дар рӯи

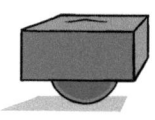

debajo de

дар зери

al lado de

дар назди

entre

миёни

el lugar

ҷой